AF202407

Alexandra Reinwarth

Was ich an dir mag

♥

riva

Freunde sind wichtiger für das Glück als die Liebe
und wichtiger für die Gesundheit als Bewegung.
Insgesamt sind es vielleicht nur zwei oder drei Menschen,
denen man alles sagen kann, auf die man sich blind verlassen kann
und die nichts anderes von uns wollen, als uns glücklich zu sehen.
Es gibt zwar noch jede Menge Leute, die sich in der Nähe
dieses Status tummeln, aber wirkliche Freunde
hat man nicht viele im Leben.
Nicht *solche* Freunde.

Dieses Buch ist für *solche* Freunde.

Dieses Buch wird ausgefüllt von

_____

für

_____

am

_____

Ich weiß noch genau, wie wir uns kennengelernt
haben.

So lang ist es inzwischen her:

_____

Hier waren wir damals:

_____

Und das haben wir gemacht:

_____

♥

Was ich gleich **an** dir mochte:

☐ deine Lache

☐ deinen Style

☐ deinen Humor

☐ wie du redest

Was wir als Erstes zusammen unternommen
haben:

_____

_____

_____

_____

_____

Was ich total gern mit dir mache:

_____

_____

_____

_____

_____

Wenn ich dich anderen beschreiben soll,
sage ich:

_____

_____

_____

_____

Wenn Geld keine Rolle spielen würde,
würde ich dir sofort das hier kaufen:

Wenn wir zusammen sind, bin ich:

☐ glücklich

☐ gut gelaunt

☐ frecher und mutiger als sonst

☐ einfach ich selbst

♥

Das kannst du wahnsinnig gut:

_____

_____

_____

_____

_____

Ich finde, dein Geschmack bei der Partnerwahl ist:

☐ erstklassig

☐ okay

☐ mittelmäßig

☐ unter aller Kanone

♥

Ich glaube, das ist das Geheimnis unserer
Freundschaft:

_____

_____

_____

_____

_____

Das Netteste, das du mir mal gesagt hast, war:

Ich würde dir so viel von meiner Schokolade
abgeben:

_____

Wärst du ein Emoticon, dann dieses:

♥

Kannst du dich an den Tag erinnern, als wir ...

_____

_____

_____

_____

Das werde ich nie vergessen!

Wenn alle so wären wie du, wäre die Welt viel:

☐ gerechter

☐ friedlicher

☐ sonniger

☐ chaotischer

☐ bunter

Weißt du noch, als es mir deswegen nicht so gut
ging:

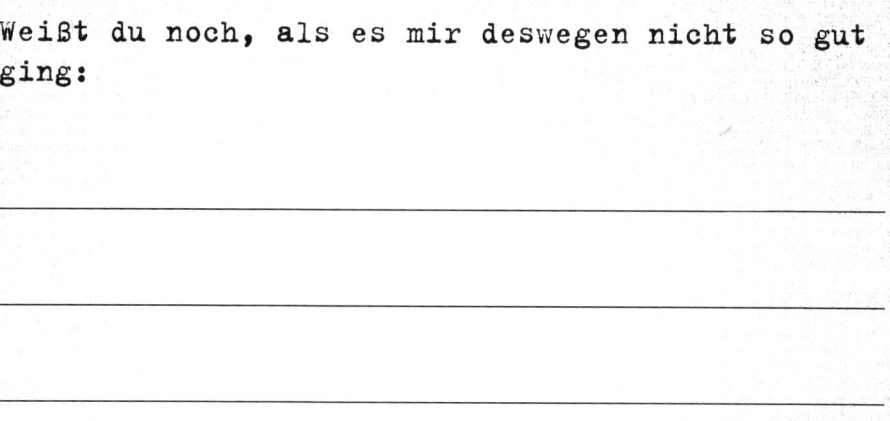

Du hast mir damals sehr geholfen, danke!

So viel Lösegeld würde ich für dich bezahlen:

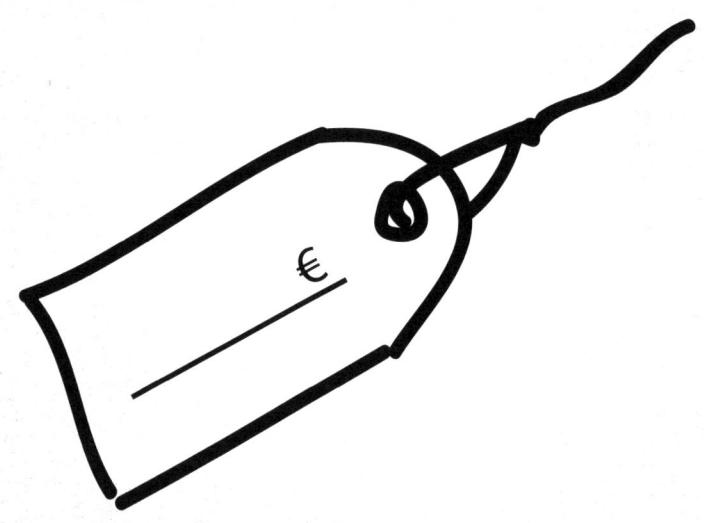

€

Ich glaube, du wärst wahnsinnig erfolgreich in diesem Beruf:

_____

Weil:

_____

_____

Wenn ich am Boden bin:

☐ verstehst du mich

☐ richtest du mich wieder auf

☐ setzt du dich einfach dazu

Danke!

Ich bin dir wahnsinnig dankbar für diesen Rat:

_____

_____

_____

_____

_____

Unser Lieblingsgetränk:

_____

Unsere Lieblingsbar:

_____

Wenn wir zusammen sind, sind wir wie:

☐ Dick und Doof

☐ Willi und Biene Maja

☐ Bud Spencer und Terence Hill

☐ Hanni und Nanni

☐ Frodo und Sam

☐ Pünktchen und Anton

Das ist die schönste Geschichte über dich,
die ich kenne:

_____

_____

_____

_____

_____

Welche deiner Eigenschaften ich am liebsten auch gern hätte:

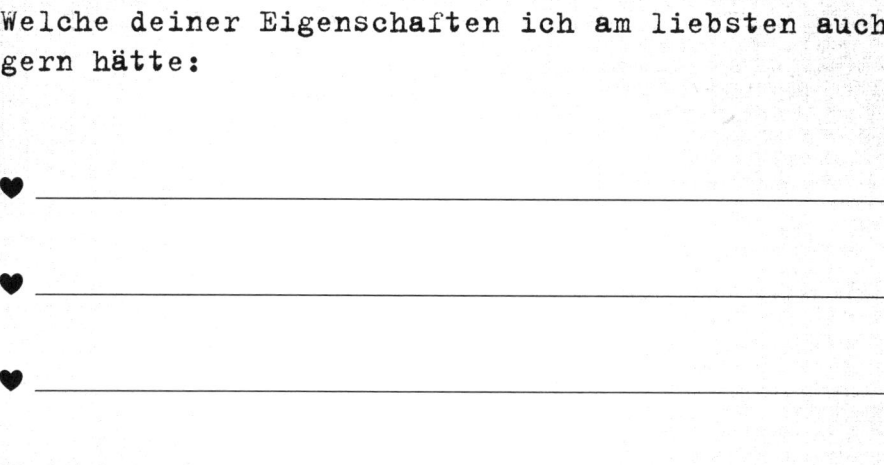

Mir tut es sehr leid, dass ich ...

_____

_____

_____

_____

_____

Was mir nur mit dir Spaß macht:

♥ _____

♥ _____

♥ _____

Eine Redewendung, die du oft benutzt und die ich gern höre:

Diesen Tick von dir finde ich einfach
wunderbar:

_____

_____

_____

_____

_____

Es wäre schön, wenn du es nicht von mir verlan-
gen würdest, aber für dich würde ich sogar ...

_____

_____

_____

_____

_____

Eine Sache, über die wir erst jetzt im
Nachhinein lachen können:

_____

_____

_____

_____

_____

Ich bin mir sicher, irgendwann werden wir beide:

☐ eine Kreuzfahrt machen

☐ mit dem Wohnmobil auf Tour gehen

☐ am Pool eines 5-Sterne-Hotels liegen

☐ mit der Machete durch den Urwald streifen

♥

Ich glaube, ohne dich hätte ich nie den Mut
dafür gehabt:

_____

_____

_____

_____

_____

Mit einem hübschen Schwips Arm in Arm dieses
Lied grölen:

_____,

das sieht uns ähnlich.

Was wir echt mal wieder tun sollten:

_____

_____

_____

_____

_____

Du bist für mich wie ein Geschenk:

☐ des Himmels

☐ einer guten Fee

☐ eines lustigen Irren

♥

Seit es dich in meinem Leben gibt, ist es viel:

☐ lustiger   ☐ leichter

☐ süßer   ☐ bunter

☐ geordneter   ☐ chaotischer

☐ ruhiger   ☐ verrückter

☐ doofer   ☐ aufregender

☐ riskanter

Du bist so lustig, wenn du ...

_____

_____

_____

_____

_____

Ich weiß, du magst das nicht an dir:

_____

_____

_____

Ich mag es schon!

Ich habe dich sehr vermisst, als ...

_____

_____

_____

_____

_____

Ich muss immer **an dich** denken, wenn ich diese
Wörter höre:

Du bist für mich:

- ☐ Sorgentelefon

- ☐ Stylingberater

- ☐ Lästerschwester

- ☐ Psychologe

- ☐ Kritiker

- ☐ Mutmacher

♥

Für dich würde ich sogar auf ein Konzert dieser
Band gehen:

_____

_____

Ich finde, das war bisher die beste Tat deines
Lebens:

_____

_____

_____

_____

Auf einer Skala von 1-10 finde ich dich ...

so humorvoll: ☐

so hübsch: ☐

so ehrlich: ☐

so mutig: ☐

so frech: ☐

so klug: ☐

Ich beneide dich um diesen Charakterzug:

_____

dieses Aussehen:

_____

diesen Gegenstand:

_____

dieses Familienmitglied:

_____

♥

Würde ich dich heute das erste Mal auf der Straße sehen, würde ich denken:

_____

_____

_____

_____

_____

Es ist schön, dass es Dinge gibt, die wir beide mögen, zum Beispiel:

☺ _____

☺ _____

Und ich bin froh, dass du diese Dinge auch nicht magst:

☹ _____

☹ _____

♥

Das beste Geschenk, das ich von dir bekommen habe:

_____

_____

Ich könnte in einem Restaurant für dich
bestellen!

Vorspeise: _____

Hauptspeise: _____

Nachspeise: _____

Getränk: _____

♥

Wenn man unsere Vornamen vermixt, ergibt das diesen Namen:

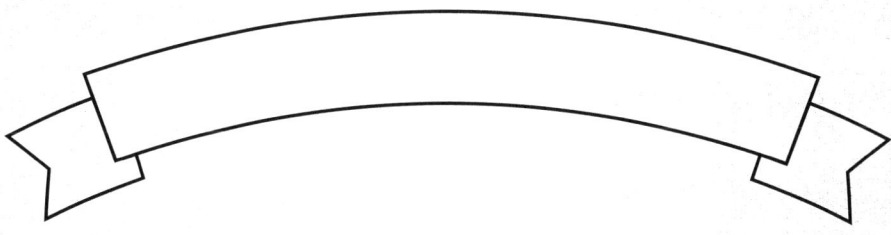

Du bist wie:

☐ das Salz in meiner Suppe

☐ das Feuer in meinen Augen

☐ die Sonne in meinem Herzen

☐ die Gräte in meinem Fisch

☐ die Schaufel zu meinem Grab

♥

Ich hätte nie gedacht, dass du:

- [ ] so gut kochen kannst
- [ ] so sportlich bist
- [ ] so gut Auto fahren kannst
- [ ] so lustig bist
- [ ] so frech sein kannst
- [ ] ein so großes Herz hast

Sieh es als Zeichen meiner großen Freundschaft,
dass ich das ertrage, (fast) ohne zu murren:

☐ deine peinlichen Hausschlappen

☐ deine Unpünktlichkeit

☐ deinen Hang zu _____

☐ deinen komischen Musikgeschmack

♥

Du darfst mich immer anrufen. Auch, wenn:

☐ die Welt untergeht

☐ ich gerade schlafe

☐ ich gerade mit jemandem schlafe

☐ ich im Meeting bin

☐ ich in der Badewanne liege

Ich finde es wahnsinnig toll, dass du das hier in deinem Leben erreicht hast:

_____

_____

_____

_____

_____

♥

Auf unserem weiteren gemeinsamen Weg:

☐ rasen wir in einem Sportwagen mit 360 km/h in
Richtung Vegas

☐ kurven wir auf einer Vespa durch die Prärie

☐ segeln wir im Team windschnittig auf das
Glück zu

☐ stürmen wir erst mal in die nächste Bar

Ich hoffe, du hast während der Lektüre viel
gelächelt und dir vielleicht auch das ein oder
andere Freudentränchen aus den Augen gewischt.
Was ich aber am meisten hoffe, ist:

_____

Ich kann dich wirklich gut leiden!

»Der beste Weg, einen Freund zu haben,

ist der, selbst einer zu sein.«

Ralph Waldo Emerson

Bibliografische Information der Deutschen Nationalbibliothek

Die Deutsche Nationalbibliothek verzeichnet diese Publikation in der Deutschen Nationalbibliografie.
Detaillierte bibliografische Daten sind im Internet über https://dnb.de abrufbar.

Für Fragen und Anregungen

info@m-vg.de

Wichtiger Hinweis

Ausschließlich zum Zweck der besseren Lesbarkeit wurde auf eine genderspezifische Schreibweise sowie eine Mehrfachbezeichnung verzichtet. Alle personenbezogenen Bezeichnungen sind somit geschlechtsneutral zu verstehen.

9. Auflage 2024
© 2017 by riva Verlag, ein Imprint der Münchner Verlagsgruppe GmbH
Türkenstraße 89 | 80799 München
Tel.: 089 651285-0

Umschlaggestaltung: Laura Osswald
Umschlagabbildung: Shutterstock/baldyrgan, Shutterstock/David M. Schrader
Abbildungen im Innenteil: Shutterstock/RoyStudioEU, Shutterstock/Iriskana, S. 17: Designed by Freepik.com
Satz: Carsten Klein, München
Druck: Livonia Print, Riga
Printed in Latvia
ISBN Print 978-3-7423-0097-3

Wir produzieren
nachhaltig
www.m-vg.de

Weitere Informationen zum Verlag finden Sie unter

www.rivaverlag.de

Beachten Sie auch unsere weiteren Verlage unter www.m-vg.de